AF224303

J. M. J.

PANÉGYRIQUE

DE

B. JEAN-BAPTISTE DE LA SALLE

FONDATEUR DE L'INSTITUT

DES FRÈRES DES ÉCOLES CHRÉTIENNES

PRONONCÉ

Le 4 Mai 1891

DANS LA CHAPELLE DE N.-D. DU RANCHER (Sarthe)

(NOVICIAT DES FRÈRES)

Par M. l'Abbé Donatien HIRON,

LICENCIÉ EN THÉOLOGIE, DOCTEUR EN DROIT CANON
CURÉ DE MARIGNÉ.

LE MANS

IMPRIMERIE LEGUICHEUX

15, Rue Marchande, et rue Bourgeoise, 16

1891

J. M. J.

PANÉGYRIQUE

DU

B. JEAN-BAPTISTE DE LA SALLE

FONDATEUR DE L'INSTITUT

DES FRÈRES DES ÉCOLES CHRÉTIENNES

PRONONCÉ

Le 4 Mai 1891

DANS LA CHAPELLE DE N.-D. DU RANCHER (Sarthe)

NOVICIAT DES FRÈRES)

Par M. l'Abbé Donatien HIRON,

LICENCIÉ EN THÉOLOGIE, DOCTEUR EN DROIT CANON
CURÉ DE MARIGNÉ.

LE MANS

IMPRIMERIE LEGUICHEUX

15, Rue Marchande, et rue Bourgeoise, 16

—

1891

In nomine Patris, et Filii, et Spiritus Sancti. Amen.

Omuis qui zelum habet legis statuens
testamentum exeat post me.

Que quiconque est zélé pour la loi et
veut demeurer ferme dans l'alliance du
Seigneur me suive.

Machab. lir. I, chap. 2., v. 27.

Ne trouvez pas surprenant, mes bien chers Frères, qu'ayant à vous parler de votre saint Fondateur et me proposant de vous redire sa science et sa piété, ses vertus et ses épreuves, ses luttes et ses triomphes, j'évoque le souvenir du père des Machabées, que je répète le cri que le prêtre Mathathias jetait avec une sainte indignation aux enfants d'Israël : « *Que quiconque est zélé pour la loi et veut demeurer ferme dans l'alliance du Seigneur me suive !* »

Ce fut un appel à la résistance désespérée pour défendre la foi des ancêtres menacée par un envahisseur idolâtre et cruel, ce fut le signal de la sainte révolte des consciences opprimées, ce fut le cri de guerre de vrais braves qui souffrirent, luttèrent vaillamment, malgré leur petit nombre, et virent leurs efforts couronnés de succès par le triomphe du règne de Dieu.

C'est cette sainte indignation contre le mal envahisseur, l'erreur qui trompe les âmes, la corruption qui flétrit les cœurs, détrempe les caractères et débilite les générations, qui enflamma le zèle de Jean-Baptiste de la Salle, soutint son courage, lui inspira son immense entreprise, le prévint contre tout découragement et le rendit fort et vaillant dans toutes les épreuves, les luttes, les injustices, les humiliations et les obstacles, rencontrés sur la route d'une vie de labeur opiniâtre. Ce fut cet amour de la vérité, cet enthousiasme de la sainte cause qui l'attacha à la croix de Jésus-Christ, dont

il accepta toutes les douleurs. A cette école de l'amour divin,
sa belle âme s'épanouit toute brillante de la science du cie[l]
et projeta de clairs rayons qui illuminèrent l'Eglise; so[n]
grand cœur s'embrasa d'une immense charité, qui le porta [à]
se dévouer tout entier au service de Dieu son père et de[s]
pauvres ses frères. Ainsi il devint *un Apôtre et un Saint*, [e]
son nom est connu et béni, son œuvre grandit et prospère
et les cœurs reconnaissants le nomment *un Bienfaiteur d[e]
l'humanité*.

Puisque l'honneur m'incombe de redire aujourd'hui le[s]
gloires de celui, pour lequel les jours mauvais de la terr[e]
sont passés et qui ne connait plus que les jours heureux d[u]
bonheur des cieux, laissez-moi, mes bien chers Frères, m'ar
rêter à ces deux pensées, que je viens d'émettre : La vie d[u]
bienheureux Jean-Baptiste de la Salle, votre premier Pèr[e]
fut un *saint Apostolat* et l'œuvre qu'il a fondée fut dès l'abor[d]
et demeure pour le monde un *immense Bienfait*.

Apôtre, il nous crie : « *Quiconque est zélé pour la loi [e]t
veut demeurer ferme dans l'alliance du Seigneur me suive !*

Père et bienfaiteur, il tend ses bras aimants à l'immens[e]
famille humaine en lui disant : « *Donnez moi vos enfan[ts]
que j'en fasse des bien-aimés de mon cœur : sinite parvul[os]
venire ad me.* »

Admirons ses vertus, pénétrons ses enseignements, enten
dons ses appels, invoquons son pouvoir auprès de Dieu, [et]
comme lui, dans les combats de la Foi nous serons des vai[l]
lants, nous deviendrons des saints et nous ferons régner [le]
Christ dans les âmes et dans les cœurs.

I

J. B. de la Salle Apôtre

L'apostolat chrétien, mes bien chers Frères, *c'est la passion du salut des âmes et c'est l'immolation de sa propre personnalité pour procurer la gloire de Jésus-Christ.* L'apostolat est une vertu chrétienne qui ne peut être que le couronnement d'un grand nombre d'autres vertus. La préparation est longue à la vie d'apôtre. Il faut avoir le cœur ardent, l'âme vraiment élevée et pratiquer absolument le saint abandon de soi-même. Le zèle de l'apôtre embrasse les besoins, les misères de ses frères et n'a qu'un seul désir, les soulager; son âme ne fixe qu'un seul but : la gloire du Christ, qu'il veut faire régner ici-bas : enfin son cœur ne s'inspire que d'un seul moyen : s'oublier soi-même en toutes choses, pour ne se préoccuper que du bien des autres et procurer leur soulagement, quelques peines qu'il lui en doive survenir.

Aussi, pour qu'un mortel soit assez parfait pour réaliser en lui ces conditions difficiles, est-il besoin de grâces spéciales et d'une action immédiate de la Providence. Il faut le choix même de Dieu, *la vocation*, cet appel intime, cette voix éloquente, qui, sans détruire en l'homme son libre arbitre, lui parle haut, et le convie à suivre le chemin que la lumière du ciel éclaire sous ses pas. C'est l'élection du Seigneur qui se manifeste : il semble que Dieu ait besoin de cette créature et il se plaît à le lui faire savoir, lui exprimant ainsi en quelle affection il la tient et quel honneur il lui reviendra de son obéissance.

Aussi la consulte-t-il et semble-t-il lui dire à tout instant par des milliers de voix de la nature et de la grâce : *diliges me plus his? M'aimez-vous plus que les autres?* — Et après de nombreux appels, de fréquentes sollicitations, de dures épreuves peut-être, il se décide à lui confier sa mission : « *pasce oves. Pais mes agneaux, pais mes brebis.* » Voici ce qui eut lieu pour Pierre, le prince, le type achevé des apôtres. pour Pierre, choisi entre les humbles, les ignorés de ce monde, pour Pierre, appelé à une si grande puissance, à de si hautes destinées, à une telle fécondité.

« *M'aimez-vous plus que les autres?* » Voilà bien le secret de l'apostolat. Tout chrétien ici-bas qui aime son Sauveur est et doit être un apôtre. mais son action sera d'autant moins circonscrite que son amour sera plus complet, plus abandonné, plus agissant. Sa mission lui sera suggérée par le seul désir de procurer la gloire de Dieu en lui donnant des âmes. Combien pour cela faut-il n'aimer que Dieu, car en se regardant soi-même, en consultant ses intérêts et craignant pour sa personne, en ne mesurant que ses efforts, l'homme. même appelé par Dieu, dérogerait vite à sa mission et, cessant d'être un ouvrier du ciel, deviendrait promptement un vulgaire travailleur de la terre : son œuvre personnelle serait tout humaine et n'aurait rien de l'apostolat.

Que si, mes bien chers Frères, j'embrasse d'un coup d'œil toute la vie du B. de la Salle. j'y reconnais vite toutes les marques providentielles qui dénoncent l'Apôtre. De sa naissance à sa mort, j'admire dans tous les détails le prédestiné ; dans toutes ses pensées. ses démarches, ses entreprises, je découvre l'homme d'un seul but. le chrétien n'ayant pour mobile que la gloire de Dieu. le prêtre n'ayant pour objet que sa mission de salut, le saint. le père. n'ayant pour désir que la sanctification de ses frères. par la fécondation et l'accroissement de son œuvre, de sa famille qu'il savait voulue de Dieu. *Sa vocation* se dessine dès son âge le plus tendre et le parfum de piété suave et douce, qui embaume ses jeunes années. prouve éloquemment les vues du Seigneur sur cet enfant, dont le seul attrait est le culte divin. Pourquoi même ne point remonter aux vertus du foyer de famille. à l'ombre duquel Jean-Baptiste de la Salle grandissait. jusqu'à la noblesse et à l'honneur des ancêtres, dont cet enfant reproduisait les traits et faisait revivre les loyales et chrétiennes traditions. Humble, soumis, respectueux et laborieux, il était surtout pieux et son jeune cœur s'entr'ouvrait gracieux et aimant sous le regard de Marie, qu'il se plaisait à prier. La Vie des Saints était sa lecture de prédilection et les plaisirs du monde lui répugnaient. Sa pureté était angélique et tous les efforts de sa vie tendirent à la conserver telle, à ne la faire suspecter jamais. Ardent à l'étude, il attire les regards et fait prévoir son avenir d'homme destiné à de grandes choses. Au jour de sa première Communion il avait raison de s'écrier : « *Le Seigneur est mon partage ! quelle créature pourra jamais me ravir ce trésor divin ? C'est en Lui que j'aurai la paix et le bonheur !* » Voilà la première promesse, le premier vœu de la ferveur ; c'est toute la prophétie de sa sainte vie.

Cependant le Seigneur parle à son âme et les circonstances lui commentent sa vocation. A Saint-Sulpice, où la grâce le conduit, en cet asile, pépinière du sacerdoce, qu'on a nommé *le pays natal de la piété la plus tendre*, il boit la science sacrée à longs traits et se forme à l'exercice de la solide vertu. Prématurément la mort des siens le rappelle, et le jeune Chanoine de Reims devient le père et le protecteur de ses frères, gardien vigilant et bon, sévère et juste, pieux et zélé.

Admirable dans sa sollicitude comme dans ses exemples, il sent sa mission se dessiner et dans son cœur, plein de ferveur et du zèle sacerdotal, le germe de son œuvre se dépose pour bientôt paraître au grand jour et s'épanouir en beaux fruits. Voici l'heure de l'action : l'homme quoique jeune est mûr, le Prêtre, parfait de régularité, est dévoré du zèle des âmes, le Docteur a besoin de répandre la lumière, le Saint est déjà formé et sa vertu le recommande à tous : voici l'Apôtre que le Seigneur appelle, que l'Église attend pour couvrir d'Écoles chrétiennes l'immense héritage de son Époux, ravagé par tant d'erreurs, et si abandonné aux ténèbres, par suite du malheur des temps.

C'était au milieu du règne du Grand Roi, notre France, après s'être en apparence arrachée aux nombreuses divisions politiques, qui ensanglantèrent la seconde moitié du XVIe siècle et le milieu du XVIIe, semblait grande, prospère et fière. Hélas! le cœur de la fille aînée de l'Église était ulcéré et le ver rongeur de l'erreur y exerçait de cruels ravages. Si le mal est de tous les temps, si les vices à toutes les époques démoralisent les masses, en ce moment surtout, où la révolte de l'Église partait de haut, où les fausses doctrines Jansénistes semaient la confusion et le doute dans les âmes, la religion courait un véritable péril. Quelle révolution produite dans les esprits, si peu affermis déjà dans leurs croyances, par ces attaques impies, qui s'en prennent à Dieu même et à ses attributs, battent en brèche la grâce et son pouvoir, détruisent les principes de la morale, sapent les fondements de la religion et font de l'homme une machine! Combien l'ignorance des principes fondamentaux de notre foi chrétienne devait-elle précipiter de victimes dans l'abîme de l'erreur et aider à la démoralisation du peuple!

Un saint religieux, le R. P. Barré à Rouen, un prêtre zélé, M. Roland à Reims, avaient entrevu le mal et songé au remède. Apôtres d'une sainte idée, ils s'efforcèrent d'opposer une digue au flot de l'impiété en formant de pieuses institutrices pour les jeunes filles, afin de préparer de chrétiennes mères de famille. — J. B. de la Salle, confident de l'un et de l'autre, fils spirituel de M. Roland, embrassa avec ardeur leur pensée que d'autres ouvriers devaient poursuivre, car en son cœur aussitôt un élan plus grand, un projet plus vaste prit naissance. Il reçoit, comme un héritage de son saint Directeur, l'idée de votre Institut, mes bien chers Frères; le fonder devient son but, élever les fils du peuple et en faire de vrais hommes et de bons chrétiens est son idéal, et, sans hésiter il se met à l'œuvre: voilà son apostolat. Si la femme au foyer de la famille exerce une salutaire influence, l'homme bien plus est agissant; il se répand au dehors où il est entendu, regardé et imité, au dehors d'où il rapporte lui-même les impressions qui règlent sa conduite. *Faire des hommes chrétiens c'est donc donner à la société une impulsion toute de foi et l'établir sur des bases religieuses, c'est faire régner le Christ en ce monde.*

Pour une telle victoire sur l'ennemi du salut il fallait un héros. Le Seigneur l'avait choisi ; l'âme d'un prêtre accomplira ce prodige. J.-B. de la Salle s'est mis à l'œuvre, sa propre maison fut votre berceau.

Mais c'est dans le renoncement à toutes choses de ce monde que l'apôtre doit agir. Votre saint Fondateur se dépouille lui-même de sa charge, de ses dignités, de ses biens, j'allais dire de toutes ses affections, puisqu'il rompit avec les siens pour se donner sans réserve à ses nouveaux devoirs ; aussi désormais n'est-il plus que l'homme de Dieu, l'ouvrier du ciel, le supérieur de l'Institut naissant. Plus d'autre amour en lui ici-bas que l'amour des âmes, des âmes à cause d'elles-mêmes, des âmes parce qu'elles sont l'image de Dieu, l'amour des âmes en Jésus-Christ et pour Jésus-Christ.

Qu'importent les soucis matériels d'une vie souvent difficile, les labeurs de formation de sujets parfois rebelles à la mission imposée, qu'importent les luttes contre les ennemis et les obstacles connus, les contradictions de tout genre, les défaillances, les attaques, les humiliations, la pauvreté, les révoltes..... M. de la Salle est un apôtre et son cœur a pour ressort la charité de J.-C... *Caritas Dei urget nos !*

Les enfants des pauvres deviennent ses enfants, il les voudrait garder tous en ses bras, les presser sur son cœur, les instruire de sa voix et leur montrer le Ciel. Il sent en lui-même ce feu sacré que le Seigneur est venu allumer sur la terre pour la consumer, et cette ardeur de la foi il la veut répandre. À son idée il faut l'espace, à sa vertu il faut le sacrifice, à ses désirs il faut l'humanité. Aussi voyez comme rapidement les maisons se multiplient, comme la famille grandit, comme de tous côtés on appelle des instituteurs chrétiens, comme leur robe grossière est saluée avec honneur, comme les élèves affluent dans leurs écoles trop petites pour des besoins si grands.

L'Instruction chrétienne des enfants du peuple, des fils du pauvre, n'est déjà plus un rêve! En quelques années un humble prêtre, un apôtre a résolu cet immense problème et l'Institut des Frères des Écoles chrétiennes est fondé. — L'idée apostolique d'un saint va se perpétuer par ses disciples et le père va revivre dans ses enfants.

Le cœur ardent du B. de la Salle a jeté par le monde son cri d'angoisse en contemplant le mal, son appel aux armes pour le combattre : *Quiconque est zélé pour la loi et veut demeurer ferme dans l'alliance du Seigneur me suive!* La voix de l'apôtre a été entendue, l'humble famille est devenue légion et par tout le monde catholique, à cette heure, 17,000 cœurs de Frères battent à l'unisson du cœur de l'apôtre qui les enfanta et qui après leur avoir dicté leur règle sur la terre, les appelle à sa gloire et à sa récompense au Ciel.

II

J.-B. de la Salle Bienfaiteur de l'Humanité

Si l'œuvre du B. de la Salle fut et demeure encore une des gloires de l'Église, qui se réjouit de son apostolat, *elle est un vrai bienfait pour l'humanité*. Éclairer les âmes et former les cœurs, rien de plus grand ici-bas. D'autres Instituteurs de la jeunesse ont aussi embrassé cette mission, mais ne l'ont exercée qu'en faveur des classes fortunées de la société. C'était au cœur même du peuple qu'il fallait pénétrer, au sein de l'ignorance qu'il était bon de faire briller la lumière.

Une nation laborieuse et virile, active et généreuse, s'efforce toujours de réaliser quelques progrès. C'est une louable ambition inspirée par le Créateur lui-même *de croître, de se multiplier, de grandir*. Mais le travail avec ses productions, l'agriculture avec ses richesses, l'industrie avec ses inventions, la science avec ses découvertes, ne sont point des

bases suffisantes pour la prospérité, la grandeur, le perfectionnement d'un peuple.

Les richesses matérielles grisent souvent, trompent toujours, démoralisent sans cesse, lorsqu'une pierre fondamen-
tale ne se trouve point là pour supporter l'édifice social. Et
cette pierre angulaire, ce roc immuable sur lequel seul le
vrai sage veut construire, n'est autre que la Religion.

Bienheureux, m'écrierai-je, le peuple qui, aux prospérités
matérielles que nous sommes loin de dédaigner, que nous
travaillons même à procurer, chacun dans la sphère de son
action, sait adjoindre la lumière spirituelle, l'étincelle sur-
naturelle qui seule illumine son œuvre, en est l'âme et la vie,
sans laquelle elle doit crouler infailliblement un jour. Il
faut l'éducation chrétienne, et dans toutes les classes de la
société, pour qu'un peuple reste soumis aux lois d'État,
qu'il respectera s'il craint Dieu, pour qu'il se conserve probe
dans ses transactions, honnête et loyal dans ses relations,
délicat dans ses démarches, patriote et courageux dans la
défense de sa patrie. Il faut l'éducation chrétienne pour
assurer le respect et la vénération au foyer paternel, pour
sauvegarder l'autorité des parents, inspirer l'obéissance et
l'amour filial. Il faut enfin l'éducation chrétienne pour resser-
rer les liens de l'union conjugale et garder sauve la saine
morale, sans laquelle toute société se dissout, se désagrège
et meurt. *Oh ! Bienheureux le peuple chez lequel le Seigneur
est le premier de tous les maîtres : Beatus populus cujus
Dominus Deus ejus !*

Voilà, mes biens chers Frères, la grande entreprise de
votre saint Fondateur : *faire de vrais hommes en faisant de
solides chrétiens* ; répandre dans les intelligences l'instruction qui éclaire et guide dans les labeurs de ce monde, mais
aussi et surtout fixer dans les cœurs les sentiments religieux,
qui complètent l'homme et en font un héritier du Ciel.

À l'heure où J.-B. de la Salle fonda son Œuvre, l'ignorance la plus abjecte couvrait de ses ténèbres les 3/4 de
toute société : seuls, quelques privilégiés pouvaient acquérir
quelques-unes des connaissances humaines qui impriment à

l'intelligence de puissants essors, en lui ouvrant de plus vastes horizons. La masse, le peuple, l'homme du labeur, le travailleur des campagnes et l'artisan des villes : tous croupissaient dans l'abaissement le plus inculte. Et la France, qui marchait à la tête des nations pour la civilisation. n'échappait pas elle-même à cette plaie sociale.

Quel bienfait pour notre patrie, pour l'humanité tout entière, sur laquelle l'œuvre ensuite devait rayonner, que de semer dans les intelligences l'instruction et procurer l'éducation chrétienne aux délaissés et aux humbles. M. de la Salle savait qu'ouvrir des écoles chrétiennes c'était élargir l'action de l'Église, étendre les saines influences de la religion, c'était moraliser en instruisant, c'était enfin élever le niveau de l'humanité par le perfectionnement de ses semblables. Aussi avec quelle ardeur se consacre-t-il à cette œuvre ! Avec quel zèle l'œil perspicace de son génie embrasse-t-il tous les besoins pour y faire face ! Il lui faut une pépinière d'instituteurs chrétiens, il fondera la 1ʳᵉ École Normale. Et là, il sèmera son esprit, il fera germer sa pensée, il formera un faisceau de bonnes volontés et de saints dévoûments. Là, il dictera sa règle, s'y astreignant le premier plus durement que tout autre, là, encore, il imposera la sainte livrée de l'Institut chrétien à ses fils, qu'il nommera ses Frères et qui désormais par le monde garderont ce nom si aimable, qui caractérise leur mission d'abnégation et leur rappelle à toute heure le devoir de leurs promesses et le but de leur apostolat. Avec quel empressement les Évêques les appellent dans leurs diocèses, les Pasteurs des âmes les désirent dans leurs paroisses ! Du Nord au Midi, de l'Est à l'Ouest de notre pays affluent des demandes, et M. de la Salle ne peut y suffire. Partout il envoie de nouveaux essaims, et de nouvelles Écoles de charité s'ouvrent, toujours insuffisantes pour les appels qui se multiplient. On voit, on sent que le doigt de Dieu est là, que cette œuvre répond bien aux besoins du temps et qu'elle est bien voulue du Ciel.

Écoles spéciales aux programmes plus étendus, écoles primaires pour les débutants, écoles dominicales pour grouper, enseigner et moraliser le dimanche les pauvres, les ouvriers que le labeur de la semaine retient, écoles de protection de l'enfance abandonnée, écoles de correction pour recueillir les jeunes victimes de la mauvaise éducation et des vices prématurés : tout se fonde à la fois ; c'est une floraison admirable, une éclosion qui tient du miracle.

Quelques timorés craignaient pour cet arbrisseau naissant, qui si promptement étendait ses rameaux et devenait un grand arbre. Les timides redoutaient qu'il ne fut déraciné par l'ouragan ou desséché par les ardeurs des premiers jours d'été.

Sans doute les tempêtes devaient se déchaîner et leur violence le mettrait fort à l'épreuve. Il en est ainsi de toutes les œuvres. Le Seigneur permet qu'elles soient éprouvées afin de les fortifier encore. La lutte en effet essaye leurs forces, la contradiction épure leurs moyens, les obstacles fixent leur prudence. Ici la tempête passe sans rien ébranler ; c'est moins au jeune Institut qu'elle s'attaque qu'à son saint Fondateur ; mais l'homme juste est à l'abri des coups des méchants et le Bienheureux attaqué deviendra plus fort. Sa sainteté se fortifiera et éclatera davantage au milieu des difficultés. C'est moins l'ennemi qui s'acharne contre lui que des amis du bien mal renseignés ; aussi, avec quel empressement on se rencontre et l'on s'embrasse, pour faire cause commune, dès qu'on reconnaît son erreur. Et c'est l'humilité du Bienheureux de la Salle, sa soumission presque excessive, son amour passionné pour son œuvre, l'attachement filial de ses frères qui dissipe l'orage, redresse les faux jugements et ajoute une nouvelle sève à l'Institut, en lui assurant de nouveaux et puissants protecteurs.

Ses protecteurs ! ah ! bien vite il trouve son appui auprès des personnages les plus influents du royaume, il attire les regards du Grand Roi lui-même, et le Souverain-Pontife le bénit et le favorise en permettant à M. de la Salle d'ouvrir une école à Rome sous ses yeux.

Bienheureux Fondateur, homme choisi de Dieu, apôtre fécond, trente années à peine se sont écoulées depuis le jour où vous entriez dans la carrière, le cœur ardent, l'âme empreinte de votre saint désir, jouissez du spectacle sublime qui s'offre à vos regards, voyez votre famille grandie, voyez votre vœu réalisé. Voici que, dans votre retraite de Saint-Yon, le Seigneur vient vous annoncer que votre course est achevée, que vos luttes vont prendre fin, que vos efforts vont recevoir leur récompense !

Quelle vie bien remplie vous avez menée, quels exemples de piété, de sanctification chacun de vos pas a fixés, quels germes de bien vous avez déposés sur votre route, quelles conversions vous avez opérées, quel degré de sainteté vous avez atteint ! Laborieux ouvrier des œuvres de Dieu, endormez-vous en paix, la couronne des élus vous attend, le Christ et la Vierge Marie vont vous introduire dans le lieu du rafraîchissement et de la paix !

Les œuvres des Saints ne meurent point. Et la vôtre porte votre empreinte. Le testament que vous laissez à vos enfants sera ponctuellement suivi : *fils soumis de l'Église et de son Vicaire, amants de Notre-Seigneur, dévots à Marie et à saint Joseph leur protecteur et patron, ils poursuivront leur tâche avec le zèle et le dévouement dont vous leur avez donné l'exemple, unis fraternellement entre eux, soumis, obéissants à leurs Supérieurs, ils ne cesseront pas de faire le bien que vous avez rêvé !*

Vous avez crié au monde : « *Quiconque est zélé pour la loi et veut demeurer ferme dans l'alliance du Seigneur me suive !* »

De nouveaux Machabées vos fils marchent sur vos traces, leur famille devient une légion, une armée, et soutient à travers les âges, de durs, de sérieux combats. Votre protection, du haut du Ciel, et leur union ferme sur la terre, leur assurent toujours la victoire, et l'humanité tout entière bénit leur nom, s'attache à leurs lèvres et proclame leurs bienfaits. Et ces louanges, ces honneurs, rejaillissent jusqu'à vous que la voix de l'Église proclame Bienheureux, à vous à qui nous dressons des autels, à vous que nous invoquons comme un Saint puissant auprès de Dieu !

Qu'il me soit permis, mes bien chers Frères, de détourner mon regard du Ciel où il fixe votre Père, pour l'abaisser sur cette terre, que votre Institut remplit de son œuvre.

Deux siècles ont passé depuis que le B. de la Salle vous a quittés. Que vois-je à cette heure ? Sa grande idée est devenue une abondante moisson, et les quelques maisons de Frères d'alors ont plus que centuplé. Il n'est pas une contrée au monde qui ne vous possède, ou ne vous réclame. Depuis deux siècles d'autres Instituts se sont fondés, grâce à l'exemple du vôtre, et vous aident dans la grande œuvre à laquelle votre armée, puissante pourtant, ne saurait suffire. La société laïque, depuis 100 ans, a voulu s'assimiler votre but et copier vos moyens d'action. Longtemps elle a gardé, en apparence du moins, votre plan : *instruire les esprits, enseigner Dieu.* Elle ne pouvait être heureuse longtemps dans ses essais ; il lui manque le zèle, le dévouement de l'apôtre ; son but était tout terrestre, tout humain. Aussi voyez le specta_cle qu'elle nous offre. La religion est absolument bannie de son enseignement et Dieu est chassé de ses écoles. La génération qui monte nous effraye par ses tendances payennes, et la révolte éclate de toutes parts. Voilà votre heure, mes bien chers Frères, c'est dans la lutte que le courage éclate ! Tenez haut le drapeau de votre saint Fondateur et ralliez-vous à son cri. Nouveaux Machabées, groupez-vous autour de l'Illustre Général qui marche à votre tête et que vous trouverez toujours, à l'heure du péril, au poste du combat. Enseignez Dieu aux hommes, détruisez les idoles dans les âmes qui vous sont confiées, élevez le flambeau des connaissances humaines et montrez que sur vos pas surtout se trouve le vrai progrès pour les sociétés. Donnez au monde révolté l'exemple de l'obéissance ; aux méchants corrompus faites respirer le parfum de votre chasteté ; combattez pour la vraie liberté d'enfants de Dieu. Aux jours mauvais de l'invasion, votre soutane a reçu la consécration du patriotisme sur le champ de bataille, où la sainte fraternité vous conduisit ; vous avez bien mérité de la Patrie, et ses enfants vous honorent, vous bénissent et vous aiment. Continuez votre œuvre par le monde ; plus vous serez fidèles aux traditions de votre saint Fondateur, *plus vous serez vous-mêmes Saints et Apôtres*, plus vous vous montrerez les puissants auxiliaires de l'Église et les *Bienfaiteurs de l'humanité !*

Ainsi soit-il.

Le Mans. — Impr. Leguicheux, rue Marchande, 18.